PABLO NERUDA
TEUS PÉS
TOCO NA
SOMBRA

E OUTROS
POEMAS
INÉDITOS

PABLO NERUDA
TEUS PÉS TOCO NA SOMBRA

E OUTROS POEMAS INÉDITOS

EDIÇÃO BILÍNGUE

tradução de
ALEXEI BUENO

edição, introdução e notas
DARÍO OSES

prólogo
PERE GIMFERRER

1ª edição

JOSÉ OLYMPIO
E D I T O R A

Rio de Janeiro, 2015

Copyright © PABLO NERUDA e FUNDAÇÃO PABLO NERUDA, 2014
Copyright da tradução © José Olympio, 2015

Capa
Leonardo Iaccarino

Tradução
Alexei Bueno

CIP-BRASIL. CATALOGAÇÃO-NA-FONTE
SINDICATO NACIONAL DOS EDITORES DE LIVROS, RJ

N367t   Neruda, Pablo, 1904-1973
        Teus pés toco na sombra : e outros poemas inéditos / Pablo
        Neruda ; organização Darío Oses ; tradução Alexei Bueno ; Pere
        Gimferrer. – 1. ed. – Rio de Janeiro : José Olympio, 2015.
        il.

           Tradução de: Tus pies toco en la sombra
           ISBN 978-85-03-01250-8

           1. Poesia chilena. I. Título.

15-22451   CDD: 869.99331
                            CDU: 821.134.2(83)-1

Este livro foi revisado segundo o novo Acordo Ortográfico da Língua Portuguesa.

Todos os direitos reservados. Proibida a reprodução, armazenamento ou
transmissão de partes deste livro, através de quaisquer meios, sem prévia
autorização por escrito.

Reservam-se os direitos desta tradução à
EDITORA JOSÉ OLYMPIO LTDA
Rua Argentina 171 – Rio de Janeiro, RJ
20921-380
Tel.: 2585-2000

Seja um leitor preferencial Record.
Cadastre-se e receba informações sobre nossos lançamentos e nossas promoções.

Atendimento e venda direta ao leitor:
mdireto@record.com.br ou (21) 2585-2002

Impresso no Brasil
2015

Introdução	7
Prólogo	11
Poemas de amor	15
Outros poemas	49
Notas	127
Edição fac-similar	145

INTRODUÇÃO

Desde 1986 a Fundação Pablo Neruda assume a tarefa de conservação e preservação do patrimônio do poeta. Parte deste é uma riquíssima coleção de originais manuscritos ou datilografados de sua obra. Os documentos desta coleção são guardados em caixas especialmente desenhadas para a conservação do papel, instaladas numa cúpula blindada, com umidade e temperatura controladas, além de todas as condições de segurança que se recomendam para esse tipo de documentos.

Os poemas inéditos que agora se publicam escaparam às revisões de Matilde Urrutia, a viúva do poeta, que foi a primeira a ordenar a coleção, e a primeira que empreendeu a busca de textos de Neruda inéditos ou publicados em periódicos difíceis de encontrar. Apesar do cuidado com que Matilde fez esse trabalho, alguns poemas continuaram na sua condição de inéditos.

Em junho de 2011, a Fundação Pablo Neruda iniciou a tarefa de elaborar um catálogo o mais completo possível dos originais manuscritos e datilografados da obra de Pablo Neruda, descrevendo detalhadamente os documentos, identificando a que livro corresponde cada um dos originais, verificando se os textos estão completos ou se são fragmentários, e comparando-os com as versões publicadas. Este trabalho implicou a revisão de cada papel, e no caminho foram aparecendo surpresas.

Foi uma excepcional viagem ao interior da poesia de Neruda, em sua materialidade primordial. Porque trabalhar com os originais foi entrar em contato com o que poderíamos chamar o pulso do poeta. Ver esses originais era como regressar ao momento original da criação do poema. Em seu livro *Maremoto*, Neruda descreve os organismos e resíduos que o mar vai depositando na areia. Ao examinar seus manuscritos, tínhamos às vezes a sensação de que sobre o papel deslizavam ondas de versos que, ao retirar-se, levavam as palavras descartadas e corrigidas e que logo iam deixando a versão mais acabada do poema.

Particularmente interessante foi o exame dos rascunhos manuscritos que podiam corresponder à primeira versão de um poema. Neles, as linhas dos versos têm certa inclinação ascendente ou descendente, às vezes se rompem ao ser rasuradas e também quando aparece alguma correção.

Percebíamos, além disso, outros detalhes, como a presença dos materiais de escritório com que trabalhava o poeta: cadernos escolares dos anos 1950 e 1960, papéis soltos, blocos de distintos formatos, alguns com marcas estranhas, fabricados em outros países, cadernos universitários, papéis soltos, tintas de diversas cores. Em certas ocasiões o poeta escrevia nos *menus* e nos programas musicais dos barcos em que viajava, e seus versos corriam entre as opções de entradas, platôs principais ou vinhos que mostrava o cardápio.

Às vezes, as versões datilografadas também estão salpicadas com correções autógrafas do poeta. Há poemas já limpos ou com intervenções mínimas. Esse caminho, o do punho e da letra, o da tinta e o da fita da máquina, o do teclado e da cópia a carbono, era o que levava à versão impressa.

Alguns poemas, no entanto, pareciam negar-se a seguir este caminho até o fim. Eram minoria, mas essa excepcionalidade os fazia especialmente interessantes. Neles não havia qualquer indicação ou marca que assinalasse sua excepcional condição de inéditos. Buscamos uma e outra vez, esperando encontrá-los num dos muitos livros de poemas de Neruda, ou nas compilações de sua poesia dispersa, sem resultado. Era como se se houvessem escondido na selva de originais do poeta, mimetizando-se entre os milhares de folhas e entre as centenas de milhares de palavras, para manter invicta sua condição de inéditos.

Estes poemas inéditos pertencem a um vasto período, que abarca desde os princípios dos anos 1950 até pouco antes da morte do poeta, em 1973. O processo de transcrição foi fiel à escritura do poeta. Salvo pela acentuação, nos casos em que não existe ambiguidade, respeitou-se a ortografia original, especialmente a ausência de sinais de pontuação. A edição fac-similar inclui alguns dos poemas manuscritos, e constitui uma pequena mostra da variedade de suportes em que foram escritos. A seção de Notas, que fecha o livro, revela as particularidades de cada um dos manuscritos encontrados e oferece as chaves para a sua datação e inserção dentro do *corpus* poético de Pablo Neruda. É importante ressaltar que não são variantes de outros poemas já publicados, mas, ao contrário, têm sua existência própria, e que todos eles se situam dentro dos grandes temas de sua poesia: o amor, a natureza de sua pátria, o mundo e as coisas que povoam, sua própria biografia, os deveres do poeta, as viagens, os ofícios e os trabalhos do homem, as representações de si próprio.

Por sua qualidade literária e interesse, estes poemas merecem sem dúvida incorporar-se à obra impressa de Pablo Neruda. Creio que seu aparecimento ilustra sua condição de poeta inesgotável. Inesgotável, não tanto pela descoberta de textos inéditos de sua autoria, que é pouco frequente e constitui um acontecimento literário de primeira ordem, mas antes pela possibilidade das renovadas leituras, ou seja, das numerosas e muito diversas releituras que podem seguir sendo feitas de sua obra imensa.

Darío Oses
Diretor de Biblioteca e Arquivos
Fundação Pablo Neruda

PRÓLOGO

Como toda obra inédita que se publica postumamente, o presente volume oferece algumas incógnitas não resolvidas que nada têm a ver com dados intrínsecos à redação de cada poema, senão o fato de não terem sido dados a conhecer pelo próprio Neruda nos limita apenas à redação mesma, que, no entanto, me parece em geral definitiva, ainda que em alguns casos interrompida ou incompleta.

As principais interrogações concernem ao poema que encerra o volume e também ao que demos o número 4, sem dúvida o mais valioso de todos. Neste poema há pelo menos duas classes de dúvidas. A primeira se refere ao verso *"es un movimiento florido de un siclo de sombra en el mundo"*. O primeiro impulso nos levaria a julgar que *"siclo"* é falha de teclado por *"siglo"*, *"ciclo"* ou *"silo"*; mas, em filologia, com frequência se impõe a *lectio difficilior*: a palavra "siclo" (medida ou moeda) existe, e a ampliação semântica que implicaria empregá-la aqui não é maior do que a que passam em Neruda outras palavras. Aqui me ocorre um poema, póstumo também, de Juan Ramón Jiménez, que começa: *"Me estabas esperando en este oro/ que la mañana entra por el oto"*: ainda que *"oto"* seja uma ave noturna (coloquial: *"autillo"*), os primeiros editores pensaram num lapso por *"oro"*, que a posterior aparição de manuscritos autógrafos se encarregou de desmentir em favor de *"oto"*.

O outro obstáculo se refere a certas aparentes redundâncias, que se estranham num poeta com tantos recursos como Neruda. Por um lado, *"los pétalos que forman tu forma"*; isso, porém, não está distante de a *"forma uniforme"* que encontramos num poeta a quem Neruda provavelmente não leu (ainda que materialmente pudesse ter lido), J. V. Foix, com o qual tinha em comum a amizade com Éluard, García Lorca e Aleixandre: era algo, pois, que estava no espírito da época. A segunda aparente redundância ocorre duas vezes: *"árbol sombrío que canta en la sombra"*, *"y de pronto en la sombra sombría"*; mas isso se enlaça diretamente com *"la sombra más sombría"* de Miguel Hernández, aparecida no *Vento del Pueblo* (1937), o mesmo ano em que Altolaguirre dava a conhecer a edição espanhola de *España en el corazón*, de Neruda.

A presença de problemas no último texto do livro é de outra ordem. Antes de tudo, os nomes das figuras de proa. Olvidemos, por enquanto, o de "Patrick Morgan": em seu texto de 1970, Neruda não dá o nome de batismo do pirata ou capitão Morgan. No que diz respeito a "Roa Lynn": "Roa" é um termo náutico, relativo à peça de proa de uma embarcação, e "Lynn", anglo-saxão, substitui o escandinavo "Lind": Neruda não fala mais da soprano que foi musa de Andersen, senão de sua própria figura de proa. Por outro lado, a partir do décimo primeiro verso o poema assume um caráter claramente político, referindo-se sem dúvida à América Latina e mais particularmente ao Brasil, ainda que não só a ele (mas aí estão as "*fabelas*" com grafia habitual em várias edições de Neruda). Em 1968 o Brasil vivia sob uma ditadura militar. "*Lo que trae el agua*" é simétrico ao precedente "*cuánto pasa por estas aguas!*" e é difícil não pensar em restos naufragados ou cadáveres; o "*río de cuatro brazos*" representa, na minha opinião, os sulcos abertos na água pelas duas figuras de proa. Morgan é, segundo precisa Neruda no texto de 1970, figura de popa. A situação da América em 1968 pode, desde a perspectiva revolucionária, inferir-se da "Mensagem à Tricontinental" do Che, difundida no ano anterior, apenas uns meses antes de sua morte.

Os numerosos poemas em verso curto, à maneira das *Odas elementales*, provam, uma vez mais, que procedem da fragmentação de decassílabos à italiana, aos quais em qualquer momento, dentro de um mesmo poema, pode voltar Neruda. O poema 3 está interrompido: depois de "*que corren*", o verso seguinte começava "*det*", com toda a probabilidade "*detrás*". Mais marcante é a interrupção do poema 11, que afeta a seis versos rasurados, mas legíveis, os quais, além disso, continuariam: aqui, a supressão atua como elipse e pode-se pensar que, na intensão do poeta, encerra *in nuce* todo o rasurado.

Não sei com que êxito estes apontamentos de leitura podem somar-se às notas de Darío Oses sobre os poemas. Mas, na verdade, se os nerudianos e nerudistas talvez necessitemos deles, de nada ou de quase nada de tudo isso pode necessitar o leitor de Neruda, esse "homem de carne e osso" a quem, como costumava dizer Unamuno, se dirige o escritor. Sua aspiração, aqui como em toda a sua extensa e ininterruptamente admirável obra poética (nunca acreditei na sua presumida desigualdade), consiste em lograr uma expressão poética imanente que por si mesma se imponha com uma realidade ao mesmo tempo verbal e fática irredutivelmente proposta ao leitor e por ele aceita. Tal aceitação é prévia, quando não simultânea, a toda possível análise. Neruda vem depois da instauração do racional com as ferramentas que serviram a outros para o que Dalí chamou "a conquista do irracional", e, desde outro ângulo, Lukács denominou "o assalto à razão". A razão poética – a aliança, que um dia perseguiu o Surrealismo, entre Marx e Rimbaud – explica a pugnaz condição que de liberadora fortaleza verbal têm esses poetas definitivos e irrefutáveis.

Pere Gimferrer

POEMAS DE AMOR

1

Tus pies toco en la sombra, tus manos en la luz,
y en el vuelo me guían tus ojos aguilares
Matilde, con los besos que aprendí de tu boca
aprendieron mis labios a conocer el fuego.
Oh piernas heredadas de la absoluta avena
cereal, extendida la batalla
corazón de pradera,
cuando puse en tus senos mis orejas,
mi sangre* propagó tu sílaba araucana.

---

* Ilegível (N. do E.)

1

Teus pés toco na sombra, na luz as tuas mãos
e no voo me guiam os teus olhos de águia
Matilde, com os beijos que aprendi de tua boca
meus lábios aprenderam a conhecer o fogo.
Oh pernas herdadas da absoluta avena
cereal, estendida a batalha
coração de campina
quando em teus seios pus minhas orelhas
meu sangue* propagou tua sílaba araucana.

---

* Ilegível (N. do E.)

2

Nunca solo, contigo
por la tierra,
atravesando el fuego.
Nunca solo.
Contigo por los bosques
recogiendo
la flecha
entumecida
de la aurora,
el tierno musgo
de la primavera.
Contigo
en mi batalla,
no la que yo escogí
sino
la única,
Contigo por las calles
y la arena, contigo
el amor, el cansancio
el pan, el vino,
la pobreza y el sol de una moneda,
las heridas, la pena,
la alegría.

2

Nunca só, contigo
pela terra
atravessando o fogo.
Nunca só.
Contigo pelos bosques
recolhendo
a flecha
intumescida
da aurora,
o terno musgo
da primavera.
Contigo
em minha batalha,
não a que eu escolhi
mas sim
a única,
Contigo pelas ruas
e a areia, contigo
o amor, o cansaço,
o pão, o vinho,
a pobreza e o sol de uma moeda,
as feridas, a pena,
a alegria.

Toda la luz, la sombra,
las estrellas,
todo el trigo cortado,
las corolas
del girasol gigante, doblegadas
por su propio caudal, el vuelo
del cormorán, clavado
al cielo
como cruz marina,
todo
el espacio, el otoño, los claveles,
nunca solo, contigo.
Nunca solo, contigo, tierra
Contigo el mar, la vida,
cuanto soy, cuanto doy y cuanto canto,
esta materia
                    amor, la tierra,

el mar,
el pan, la vida,

Toda a luz, a sombra,
as estrelas,
todo o trigo cortado,
as corolas
do girassol gigante, reviradas
por seu próprio caudal, o voo
do cormorão, cravado
ao céu
como cruz marinha,
todo
o espaço, o outono, os cravos
nunca só, contigo.
Nunca só, contigo, terra
contigo o mar, a vida,
quanto sou, quanto dou e quanto canto,
esta matéria

                              amor, a terra,
o mar,
o pão, a vida,

3

Donde fuiste Qué has hecho
Ay amor mío
cuando por esa puerta
no entraste tú sino la sombra,
el día
que se gastaba, todo
lo que no eres,
fui buscándote
a todos los rincones,
me parecía
que en el reloj estabas, que talvez
te escondiste en el espejo,
que plegaste tu loca risa
y la
dejaste
para que saltara
detrás de um cenicero
no estabas, ni tu risa
ni tu pelo
ni tus pisadas rápidas
que corren

3

Aonde foste Que fizeste
Ah meu amor
quando por esta porta
não entraste, só a sombra,
o dia
que se gastava, tudo
o que não és,
fui buscando-te
em todos os lugares,
me parecia
que estavas no relógio, que talvez
te escondeste no espelho,
que pregaste teu riso louco
e o
deixaste
para que saltasse
detrás de um cinzeiro
não estavas, nem o teu riso
nem teu cabelo
nem tuas pisadas rápidas
que correm

4

Qué entrega a tu mano de oro la hoja de otoño
*   que canta*
o vas tú repartiendo ceniza en los ojos del cielo
o a ti te rindió la manzana su luz olorosa
a tú decidiste el color del océano en complicidad con
*   la ola?*

Ha sido la ley de la lluvia cambiar la sustancia
del llanto, caer y elevar, educar el amargo silencio
con lanzas que el viento y el tiempo transforman en
*   hojas y aromas*
y se sabe que el día entusiasta corriendo en su
*   carro de trigo*
es un movimiento florido de un siclo de sombra en el
*   mundo*
y yo me pregunto si tú no trabajas tejiendo el estaño
*   secreto*
del blanco navío que cruza la noche nocturna
o si de tu sangre minúscula no nace
*   el color del durazno*
si no son tus manos profundas las que hacen que
*   fluyan los ríos*
si no hacen tus ojos abiertos en medio del cielo en
*   verano*

4

O que entrega à tua mão de ouro a folha do outono
    que canta
ou vais repartindo cinza nos olhos do céu
ou a maçã a ti entregou sua luz perfumada
ou decidiste a cor do oceano em cumplicidade com
    a onda?

Tem sido a lei da chuva mudar a substância
do pranto, cair e elevar, educar o amargo silêncio
com lanças que o vento e o tempo transformam em
    folhas e aromas
e se sabe que o dia entusiasta correndo em seu
    carro de trigo
é o movimento florido de um siclo de sombra no
    mundo
e me pergunto se não trabalhas tecendo o estanho
    secreto
do branco navio que cruza a noite noturna
ou se de teu sangue minúsculo não nasce
    o colorido do pêssego
se não são tuas mãos profundas que fazem que
    fluam os rios
se não fazem teus olhos abertos no meio do céu no
    verão

que caiga del sol a la tierra su espada amarilla
Entonces recorre su rayo cruzando tu copa incitante
arenas, corolas, volcanes, jazmines, desiertos, raíces
y lleva tu esencia a los huevos del bosque, a la rosa
    furiosa
de los abejorros, avispas, leones, serpientes, halcones
y muerden y pican y clavan y rompen tus ojos
    llorando
pues fue tu semilla en la tierra, tu ovario impetuoso
el que repartió por la tierra la lengua del sol iracundo.

Reposa tu pura cadera y el arco de flechas
    mojadas
extiende en la noche los pétalos que forman tu forma
que suban tus piernas de arcilla el silencio y su
    clara escalera
peldaño a peldaño volando conmigo en el sueño
yo siento que asciendes entonces al árbol sombrío
    que canta en la sombra
Oscura es la noche del mundo sin ti amada mía,
y apenas diviso el origen, apenas
    comprendo el idioma,
con dificultades descifro las hojas de los eucaliptus.

que tombe do céu à terra sua espada amarela
Então percorre seu raio cruzando tua taça incitante
areias, corolas, vulcões, jasmins, desertos, raízes
e leva tua essência aos ovos do bosque, à rosa
    furiosa
dos zangões, vespas, leões, serpentes, falcões
e mordem e picam e cravam e rompem teus olhos
    chorando
pois foi tua semente na terra, teu ovário impetuoso
que repartiu pela terra a língua do sol iracundo.

Repousa tua pélvis pura e o arco de flechas
    molhadas
estende na noite as pétalas que formam tua forma
que subam tuas pernas de argila o silêncio e sua
    escada clara
degrau a degrau voando comigo no sonho
sinto que sobes então à árvore sombria,
    que canta na sombra
Escura é a noite do mundo sem ti amada minha,
e vagamente diviso a origem, vagamente
    compreendo o idioma,
com dificuldade decifro as folhas dos eucaliptos.

Por eso si extiendes tu cuerpo y de pronto en la
sombra sombría
asciende tu sangre en el río del tiempo y escucho
que pasa a través de mi amor la cascada del cielo
y que tú formas parte del fuego que corre escribiendo
mi genealogía
me otorgue tu vida dorada la rama que
necesitaba,
la flor que dirige las vidas y las continúa,
el trigo que muere en el pan y reparte la vida,
el barro que tiene los dedos más suaves del mundo,
los trenes que silban a través de ciudades salvajes,
el monto de los alhelíes, el peso del oro en la tierra,
la espuma que sigue al navío naciendo y muriendo
y el ala
del ave marina que vuela en la ola como en un
campanario.

Yo paso mi angosta mirada por el territorio terrible
de aquellos volcanes que fueron el fuego natal,
la agonía,
las selvas que ardieron hasta las pavesas con pumas
y pájaros,
y tú, compañera, talvez eres hija del humo,
talvez no sabías que vienes del parto del fuego y la
furia

Por isso se estendes teu corpo e logo na
    sombra sombria
sobe teu sangue o rio do tempo e escuto
que passa através de meu amor a cascata do céu
e que formas parte do fogo que corre escrevendo
    minha genealogia
me outorgue tua vida dourada o ramo de que
    necessitava,
a flor que dirige as vidas e as prossegue,
o trigo que morre no pão e reparte a vida,
o barro que tem os dedos mais suaves do mundo,
os trens que apitam através das cidades selvagens,
o cavalgar das violetas, o peso do ouro na terra,
a espuma que segue o navio nascendo e morrendo
    e a asa
da ave marinha que voa na onda como num
    campanário.

Meu olhar estreito passo pelo território terrível
daqueles vulcões que foram o fogo natal,
    a agonia,
as selvas que arderam até as brasas com pumas
    e pássaros,
e tu, companheira, és talvez filha da fumaça,
talvez não saibas que vens do parto do fogo e a
    fúria

[29]

la lava encendida formó con relámpagos tu boca
        morada,
tu sexo en el musgo del roble quemado como
        una sortija en un nido
tus dedos allí entre las llamas, tu cuerpo compacto
salió de las hojas del fuego y en eso recuerdo
que aún es posible observar tu remoto linaje de
        panadería,
aún eres pan de la selva, ceniza del trigo violento.

Oh amor, de la muerte a la vida una hoja del bosque,
        otra hoja,
se pudre el follaje orgulloso en el suelo, el palacio
del aire y del trino, la casa suntuosa vestida de verde
decae en la sombra, en el agua, en el escalofrío.
Se sabe que allí germinaron en la podredumbre
        mojada
semillas sutiles y vuelve la acacia a elevar su perfume
        en el mundo

Mi amor, mi escondida, mi dura paloma, mi
        ramo de noches, mi estrella de arena,
la seguridad de tu estirpe de rosa bravía
acude a las guerras de mi alma quemando en la
        altura la clara fogata

a lava acesa formou com relâmpagos tua boca
    violácea,
teu sexo no musgo do carvalho queimado como
    uma aliança num ninho
teu dedos ali entre as chamas, teu corpo compacto
saiu das folhas do fogo, e nisso recordo
que ainda é possível observar tua remota origem
    padeira
és ainda pão da selva, cinza do trigo violento.

Oh amor, da morte até a vida uma folha do bosque,
    outra folha,
se apodrece a orgulhosa folhagem no solo, o palácio
do ar e do trino, a casa suntuosa vestida de verde
decai na sombra, na água, no calafrio.
Sabe-se que ali germinaram na podridão
    molhada
sementes sutis e volta a acácia a elevar seu perfume
    no mundo

Meu amor, minha oculta, minha dura pomba, meu
    ramo de noites, minha estrela de areia,
a segurança de tua estirpe de rosa bravia
acode às guerras da minha alma queimando na
    altura a clara fogueira

[31]

y marcho en la selva rodeado por los elefantes
    heridos,
resuena un clamor de tambores que llaman mi
    voz en la lluvia
y marcho, acompaso mis pasos a mi desvarío
hasta ese momento en que surge tu torre y tu
    cúpula
y encuentro extendiendo la mano tus ojos silvestres
que estaban mirando mi sueño y la cepa de
    aquellos quebrantos.

La hora delgada creció como crece la luna delgada
    en su cielo
creció navegando en el aire sin prisa y sin mancha
y no supusimos que tú y yo formábamos parte de su
    movimiento,
ni solo cabellos, idiomas, arterias, orejas componen
    la sombra del hombre
sino como un hilo, una hebra más dura que nada y
    que nadie
el tiempo subiendo y gastando y creciendo en la hora
    delgada.

Buscando los muros de Angol a la luz del rocío en la
    niebla

e caminho na selva rodeado por elefantes
    feridos,
ressoa um clamor de tambores que chamam minha
    voz na chuva
e caminho, cadencio meus passos por meu desvario
até esse momento em que surge tua torre e tua
    cúpula
e encontro estendendo a mão teus olhos silvestres
que estavam mirando meus sonhos e a casta
    daqueles quebrantos.

A hora delgada cresceu como cresce a lua delgada
    em seu céu
cresceu navegando no ar sem pressa e sem mancha
e não supusemos que tu e eu fazíamos parte de seu
    movimento,
nem só cabelos, idiomas, artérias, orelhas compõem
    a sombra do homem
antes como um fio, uma fibra mais dura que nada
    e ninguém
o tempo subindo e gastando e crescendo na hora
    delgada.

Buscando os muros de Angol à luz do orvalho na
    névoa

supimos que ya no existían, quedó devorado en la
  guerra
el bastión de madera maciza y apenas surgía en la
  luz moribunda
la sombra o la huella o el polvo de un hueso
  quemado.
Los bosques del Sur soñoliento cubrieron con
  enredaderas
la guerra y la paz de los muertos, la ira y la sangre
  remota

Sesenta y cuatro años arrastra este siglo y sesenta
en este año llevaban los míos, ahora
de quién son los ojos que miran los números
  muertos?
Quién eres amigo, enemigo de mi paz errante?
Sabes cómo fueron los días, la crónica,
las revoluciones, los viajes, las guerras,
las enfermedades, las inundaciones, el tiempo que
  a veces pareció un soldado vencido,
cómo se gastaron zapatos corriendo por las oficinas
  de otoño,
qué hacían los hombres dentro de una mina, en la
  altura plateada de Chuquicamata

soubemos que já não existiam, ficou devorado na
    guerra
o bastião de madeira maciça e vagamente surgia na
    luz moribunda
a sombra ou o traço ou o pó de um osso
    queimado.
Os bosques do Sul sonolento cobriram com
    trepadeiras
a guerra e a paz dos mortos, a ira e o sangue
    longínquo

Sessenta e quatro anos arrasta este século e sessenta
neste ano levavam os meus, agora
de quem são os olhos que fitam os números
    mortos?
Quem és, amigo, inimigo de minha paz errante?
Sabes como foram os dias, a crônica,
as revoluções, as viagens, as guerras,
as doenças, as inundações, o tempo que
    às vezes pareceu um soldado vencido,
como se gastaram sapatos correndo pelos escritórios
    do outono,
o que faziam os homens dentro de uma mina, na
    altura prateada de Chuquicamata

o en el mar antártico de Chile infinito dentro de un
    navío cubierto de nieve

No importa, mis pasos antiguos te irán enseñando
    y cantando
lo amargo y eléctrico de este tiempo impuro y radioso
    que tuvo
colmillos de hienas, camisas atómicas y alas de
    relámpago,
para ti que tienes los ojos que aún no han nacido
abriré las páginas de hierro y rocío de un siglo
    maldito y bendito,
de un siglo moreno, con color de hombres oscuros
    y boca oprimida
que cuando viví comenzaron a tener conciencia y
    alcantarillado,
a tener bandera que fueron tiñendo los siglos a
    fuerza de sangre y suplicio.

ou no mar antártico do Chile infinito dentro de um
    navio coberto de neve.

Não importa, meus passos antigos irão te ensinando
    e cantando
o amargo e elétrico deste tempo impuro e radioso
    que teve
caninos de hiena, camisas atômicas e asas de
    relâmpago,
para ti que tens os olhos que ainda não nasceram
abrirei as páginas de ferro e orvalho de um século
    maldito e bendito,
de um século moreno, com cor de homens escuros
    e boca oprimida
que quando vivi começaram a ter consciência e
    esgotos,
a ter bandeira que foram tingindo os séculos a
    força de sangue e suplício.

5

Por el cielo me acerco
al rayo rojo de tu cabellera.
De tierra y trigo soy y al acercarme
tu fuego se prepara
dentro de mí y enciende
las piedras y la harina.
Por eso crece y sube
mi corazón haciéndose
pan para que tu boca lo devore,
y mi sangre es el vino que te aguarda.
Tú y yo somos la tierra con sus frutos.
Pan, fuego, sangre y vino
es el terrestre amor que nos abrasa.

5

Pelo céu me aproximo
do rio rubro de tua cabeleira.
De terra e trigo sou e ao acercar-me
teu fogo se prepara
dentro de mim e acende
as pedras e a farinha.
Por isso cresce e sobe
meu coração, fazendo-se
pão para que tua boca o devore,
e meu sangue é o vinho que te aguarda.
Tu e eu somos a terra com seus frutos.
Pão, fogo, sangue e vinho
é o terrestre amor que nos abrasa.

6

Corazón mío, sol
de mi pobreza,
es este día,
sabes?
este día,
casi pasó olvidado
entre una noche
y otra,
entre
el sol y la luna,
los alegres deberes
y el trabajo,
casi pasó
corriendo
en la corriente
casi cruzó
las aguas
transparente
y entonces
tú en tu mano
lo levantaste
fresco
pez

6

Coração meu, sol
de minha pobreza
é este dia,
sabes?
este dia,
quase passou olvidado
entre uma noite
e outra,
entre
o sol e a lua,
os alegres deveres
e o trabalho,
quase passou
correndo
na corrente
quase cruzou
as águas
transparentes
e então
tu em tua mão
o levantaste
fresco
peixe

del cielo,
goterón de frescura,
lleno
de viviente fragancia
humedecido
por aquella
campana matutina
como el temblor
del trébol
en el alba,
así
pasó a mis manos
y se hizo
bandera
tuya
y mía,
recuerdo,
y recorrimos
otras calles
buscando
pan,
botellas
deslumbrantes,
un fragmento
de pavo,

do céu
calha de frescor,
cheia
de vivente fragrância
umedecida
por aquele
sino matutino
como o tremor
do trevo
na aurora,
assim
passou às minhas mãos
e se fez
bandeira
tua
e minha,
recordo,
e percorremos
outras ruas
buscando
pão,
garrafas
deslumbrantes,
um fragmento
de peru,

unos limones,
una
rama
en flor
como
aquel
día
florido
cuando
del barco,
rodeada
por el oscuro
azul del mar sagrado
tus menudos
pies te trajeron
bajando
grada y grada
hasta mi corazón,
y el pan, las flores
el coro
vertical
del mediodía,
una abeja marina
sobre los azahares,
todo aquello,

uns limões,
um
ramo
em flor
como
aquele
dia
florido
quando
do barco,
rodeada
pelo escuro
azul do mar sagrado
teus pequenos
pés te trouxeram
baixando
degrau por degrau
até meu coração,
e o pão, as flores,
o coro
vertical
do meio-dia,
um abelha marinha
sobre as laranjeiras,
tudo aquilo

la nueva
luz que ninguna
tempestad
apagó en nuestra morada
llegó de nuevo,
surgió y vivió de nuevo,
consumió
de frescura el almanaque.
Loado sea el día
y aquel día.
Loado sea
este
y todo día.
El mar
sacudirá su campanario.
El sol es un pan de oro.
Y está de fiesta el mundo.
Amor, inagotable es nuestro vino.

a nova
luz que nenhuma
tempestade
apagou na nossa casa
chegou de novo,
surgiu e viveu de novo,
consumiu
de frescor o almanaque.
Louvado seja o dia
E aquele dia.
Louvado seja
este
e todo dia.
O mar
sacudirá seu campanário.
O sol é um pão de ouro.
E o mundo está em festa.
Amor, inesgotável é nosso vinho.

OUTROS POEMAS

7

Aun en estos altos
años
en plena
cordillera de mi vida
después de haber
subido
la nieve vertical
y haber entrado
en la diáfana meseta
de la luz decisiva
te veo
junto al mar caracolero
recogiendo vestigios
de la arena
perdiendo el tiempo con
los pájaros
que cruzan
la soledad marina
te miro
y no lo creo
soy yo mismo
tan tonto, tan remoto,
tan desierto

7

Ainda nestes altos
anos
em plena
cordilheira de minha vida
depois de ter
subido
a neve vertical
e ter entrado
na diáfana meseta
da luz decisiva
te vejo
junto ao mar caramujeiro
recolhendo vestígios
da areia
perdendo o tempo com
os pássaros
que cruzam
a solidão marinha
te miro
e não acredito
sou eu mesmo
tão tonto, tão distante,
tão deserto

Joven
recién
llegado
de provincia,
poeta
de cejas afiladas
y zapatos
raídos
eres
yo
yo que de nuevo
vivo,
llegado de la lluvia,
tu silencio y tus brazos
son los míos
tus versos tienen
el grano
repetido
de la avena,
la fecunda frescura
del agua en que navegan
hojas y aves del bosque,
bien muchacho, y ahora
escucha
conserva

Jovem
recém-
-chegado
da província,
poeta
de sobrancelhas afiadas
e sapatos
puídos
eras
eu
eu que de novo
vivo,
chegado da chuva,
teu silêncio e teus braços
são os meus,
teu versos têm
o grão
repetido
da aveia,
a fecunda frescura
da água onde navegam
folhas e aves do bosque,
bem menino, e agora
escuta
conserva

alarga tu silencio
hasta que en ti
maduren
las palabras,
mira y toca
las cosas,
las manos
saben, tienen
sabiduría ciega,
muchacho,
hay que ser en la vida
buen fogonero,
honrado fogonero,
no te metas
a presumir de pluma,
de argonauta,
de cisne,
de trapecista entre las frases altas
y el redondo vacío,
tu obligación
es de carbón y fuego,
tienes
que ensuciarte las manos
con aceite quemado,
con humo

alarga teu silêncio
até que em ti
amadureçam
as palavras,
mira e toca
as coisas,
as mãos
sabem, têm
sabedoria cega,
menino,
há que ser na vida
bom foguista,
honrado foguista,
não te metas
a presumir da pena,
de argonauta,
de cisne,
de trapezista entre as frases altas
e o redondo vazio,
tua obrigação
é de carvão e fogo,
tens
que sujar as mãos
com óleo queimado
com fumaça

de caldera,
lavarte,
ponerte traje nuevo
y entonces
capaz de cielo puedes
preocuparte del lirio,
usar el azahar y la paloma,
llegar a ser radiante,
sin olvidar tu condición
de olvidado,
de negro,
sin olvidar los tuyos
ni la tierra,
endurécete
camina
por las piedras agudas
y regresa.

da caldeira,
lavar-te
pôr um traje novo
e então
capaz de céu podes
preocupar-te com o lírio,
usar a pomba e a flor de laranjeira,
chegar a ser radiante
sem esquecer a tua condição
de esquecido,
de negro,
sem esquecer os teus
nem a terra,
endurece-te
caminha
pelas pedras agudas
e regressa.

8

Hojas
de lila
todas las hojas,
multitud
del follaje,
pabellón
tembloroso
de la tierra,
ciprés que clava el aire,
rumores de la encina,
hierba
que trajo el viento,
sensibles alamedas,
hojas de eucaliptus
curvas como
lunas ensangrentadas,
hojas,
labios y párpados,
bocas, ojos, cabellos
de la tierra,
apenas
en la arena
cae

8

Folhas
de lilás
todas as folhas,
multidão
da folhagem,
pavilhão
trêmulo
da terra,
cipreste que crava o ar,
rumores do azevinho,
erva
que trouxe o vento,
sensíveis alamedas,
folhas de eucalipto
curvas como
luas ensanguentadas,
folhas,
lábios e pálpebras,
bocas, olhos, cabelos
da terra,
apenas
na areia
cai

una gota
copas
del trino,
castaño negro,
último
en recoger
la savia y levantarla,
magnolios y pinares,
duros de aroma,
frescos
manzanos temblorosos,

uma gota
taças
do trinado,
castanheiro negro,
último
a recolher
a seiva e levantá-la,
nêsperas e pinhais,
duros de aroma,
frescas
maçãs trêmulas,

9

"No te envanezcas", alguien dejó escrito
en mi pared.
Yo no conozco
la letra ni la mano
del que inscribió la frase
en la cocina. No lo invité tampoco.
Entró por el tejado.
A quién entonces
contestar? Al viento.
Escúchame, viento.
Desde hace muchos años
los vanidosos
me echan en cara
sus propias y vacías vanidades,
ese es, muestran la puerta
que abro de noche, el libro
que trabajo,
el lecho
que me acoge,
la casa que construyo,
ese es, ese es, malignos
me muestran con sus dedos
enredados,

9

"Não te envaideças", alguém deixou escrito
na minha parede.
Não conheço
a letra nem a mão
de quem escreveu a frase
na cozinha. Tampouco o convidei.
Entrou pelo telhado.
A quem então
responder? Ao vento.
Escuta-me, vento.
Desde há muitos anos
os vaidosos
me jogam na cara
suas próprias e vazias vaidades,
isso é, mostram a porta
que abro de noite, o livro
em que trabalho,
o leito
que me acolhe,
a casa que construo,
é isso, é isso, malignos
me apontam com seus dedos
enredados,

dedos de enredaderas,
y cuanto ellos se adoran
me lo tiran en cara,
lo que son me designan,
lo que ocultan me ladran
Talvez
soy vanidoso,
también soy vanidoso.
No de mi poesía, me parece
A ver, examinemos.
Toda la vida circuló en mi cuerpo
como una sangre propia
que descifro
en el papel, a veces
tengo que hacer, me llaman
y no acudo,
debo escribir renglones
que no leo,
debo cantar para alguien
que ni siquiera
conoceré algún día.
Es verdad que recibo
cartas que me dicen;
tu palavra
me devolvió el amor.

dedos de hera,
e quanto eles se adoram
jogam-me à cara,
o que são me designam,
o que ocultam me latem.
Talvez
eu seja vaidoso,
também sou vaidoso.
Não de minha poesia, creio eu
A conferir, examinemos.
Toda a vida circulou em meu corpo
como um sangue próprio
que decifro
no papel, às vezes,
tenho que fazer, me chamam
e não compareço,
devo escrever linhas
que não leio,
devo cantar para alguém
que nem sequer
conhecerei um dia.
É verdade que recebo
cartas que me dizem;
tua palavra
me devolveu o amor,

me dio la vida,
me encontró en las prisiones,
y yo pienso
que esta circulatoria
sangre, invisible sangre
que contengo
en otras venas vive
desde ahora.
Pero apenas
salió de mí
olvidé mi poesía.
No encuentro
grave
vanidad en mi olvido
ni en mi hallazgo,
tampoco
en mis zapatos
en mis viejos
zapatos deformados
por mis pies vagabundos,
cada cinco años
me hago un nuevo traje,
mis corbatas
marchitas
no se jactan

me deu a vida,
me encontrou nas prisões,
e eu penso
que este circulatório
sangue, invisível sangue
que contenho
em outras veias vive
desde agora.
Mas tão logo
saiu de mim
esqueci minha poesia.
Não encontro
grave
vaidade em meu esquecimento
nem no meu achado,
tampouco
em meus sapatos
em meus velhos
sapatos deformados
por meus pés vagabundos,
a cada cinco anos
faço uma roupa nova,
minhas gravatas
caquéticas
não se vangloriam

de nada,
ahora
si en el momento
de peligro
para mi pueblo
busco
la bandera,
subo
a los campanarios
olvidando
la ola
bordada con espuma,
olvidando
la flor
en el camino
no hice
más que ninguno,
talvez menos que todos,

de nada
agora
se no momento
de perigo
para meu povo
busco
a bandeira
subo
aos campanários
esquecendo
a onda
bordada com espuma
esquecendo
a flor
no caminho
não fiz
mais que ninguém,
talvez menos que todos

10

Maravillosa oreja
doble
mariposa
escucha
tu alabanza
yo no hablo
de la pequeña
oreja
más amada
hecha talvez de nácar
amasado
con harina de rosa
no,
yo quiero
celebrar una oreja

10

Maravilhosa orelha,
dupla
mariposa
escuta
teu elogio,
eu não falo
da pequena
orelha
mais amada,
feita talvez de nácar
amassado
com farinha de rosa
não,
eu quero
celebrar uma orelha

11

Al chileno
le ponen
cerca
un barco
y salta,
se destierra,
se pierde.
El rico
va al Vesubio,
desconoce
las alturas
maternales, el alto
fuego andino,
vuela a Broadway,
a la Clínica Mayo,
al Moulin Rouge,
el pobre
chileno, con sus únicos
zapatos
atraviesa el Neuquén, los territorios
desamparados de la Patagonia,
recorre los lunarios
litorales

11

Ao chileno
colocam-no
perto
um barco
e ele salta,
se desterra,
se perde.
O rico
vai ao Vesúvio,
desconhece
as alturas
maternais, o alto
fogo andino,
voa para a Broadway,
para a Clínica Mayo,
para o Moulin Rouge,
o pobre
chileno, com seus únicos
sapatos
atravessa o Neuquén, os territórios
desamparados da Patagônia,
percorre os lunares
litorais

del Perú,
se instala con sus hambres
en Colombia,
transmigra como puede,
cambia de estrella como de camisa,
es
la loca chilena
de ojos amotinados,
de fácil corazón, de piel celeste
o el vendedor viajero
de vino, de guitarras,
de cachimbas
o bien el marinero
que se casa
en Veracruz y ya no vuelve
a su isla,
a su fragante Chiloé marino.

do Peru,
se instala com suas fomes
na Colômbia,
transmigra como pode,
muda de estrela como de camisa,
é
a doida chilena
de olhos amotinados,
de coração fácil, de pele celeste
ou o caixeiro viajante
de vinho, de violões,
de cachimbos
ou então o marinheiro
que se casa
em Veracruz e já não volta
à sua ilha,
à sua cheirosa Chiloé marinha.

12

Rodé bajo los cascos, los caballos
pasaron sobre mí como ciclones,
el tiempo aquel tenía sus banderas,
y sobre la pasión estudiantil
llegaba sobre Chile
arena y sangre de las salitreras,
carbón de minas duras
cobre con sangre nuestra
arrancado a la nieve
y así cambiaba el mapa,
la pastoril nación se iba erizando
en un bosque de puños y caballos,
y antes de los 20 años recibí,
entre los palos de la policía,
el latido
de un vasto, subterráneo corazón
y al defender la vida de los otros
supe que era la mía
y adquirí compañeros
que me defenderán para siempre
porque mi poesía recibió,
apenas desgranada,
la condecoración de sus dolores.

12

Rodei por sob os cascos, os cavalos
passaram sobre mim como ciclones,
aquele tempo tinha suas bandeiras,
e sobre a paixão estudantil
chegava sobre o Chile
areia e sangue das salitreiras,
carvão de minas duras
cobre com o nosso sangue
arrancado da neve
e assim mudava o mapa,
a nação pastoril se ia eriçando
num bosque de punhos e cavalos
e antes do 20 anos recebi,
entre os porretes da polícia,
a batida
de um vasto, subterrâneo coração
e defendendo a vida dos outros
soube que era a minha
e adquiri companheiros
que me defenderão para sempre
pois minha poesia recebeu,
mal descaroçada,
a condecoração de suas dores.

13

Adolescencia turbia, triste y tierna,
tembladeral sombrío
en que caen las hojas
los cuerpos,
las palabras
los golpes duros y el amor amargo,
edad como el espacio,
sin raíces, abierta
y más desconocida que la noche,
con más estrellas que su sombra.
Tiempo impuro de tacto
sin respuesta,
de piedras en los pies y ojos con hambre,
de libros estrujados para aprender la vida
que allí mismo nos llama mira y que no vemos
con Baudelaire encima del hombro como el cuervo
y Lautréamont aullando en su féretro impune
Así,
lejos de Garcilaso y sus riberas
peinadas por las plumas de los cisnes
y así semi malditos, desquiciados
amamantados en literatura
con todas las tinieblas en la mano,

13

Adolescência turva, triste e terna,
pasto sombrio
em que caem as folhas
os corpos,
as palavras
os golpes duros e o amor amargo,
idade como o espaço
sem raízes, aberta
e mais desconhecida que a noite,
com mais estrelas que sua sombra.
Tempo impuro de tato
sem resposta,
de pedras nos pés e olhos com fome,
de livros espremidos para aprender a vida
que ali mesmo nos chama mira e que não vemos
com Baudelaire sobre o ombro como um corvo
e Lautréamont uivando em seu féretro impune
Assim,
longe de Garcilaso e suas ribeiras
penteadas pelas plumas dos cisnes
e assim quase malditos, perturbados
amamentados na literatura
com todas as trevas na mão,

irresponsables y bravíos, ir
poco a poco andando,
caminando el camino,
buscando el pan, la casa y la mujer
como todos los hombres.

irresponsáveis e bravios, ir
pouco a pouco andando,
caminhando o caminho,
buscando o pão, a casa e a mulher
como todos os homens.

14

Y los caballos dónde están?
De tanto vivir y morir
las personas bien educadas
de tanto decir buenos días,
decir adiós con parsimonia
no se despidieron a tiempo
de los vegetales caballos

Yo monté una gota de lluvia
yo monté una gota de agua
pero era tan pequeño entonces
que me resbalé de la tierra
y se me perdió la montura
entre herraduras, raíces
está ocupado el hombre ahora
y no mira el bosque profundo
ya no investiga en el follaje
ni le caen hojas del cielo
el hombre está ocupado ahora
ocupado en cavar su tumba.

Hay que ver lo que es el silencio
en las afueras de Valdivia

14

E os cavalos onde estão?
De tanto viver e morrer
as pessoas bem-educadas
de tanto dizer bons-dias,
dizer adeus com parcimônia,
não se despediram a tempo
dos vegetais cavalos

Eu montei uma gota de chuva
eu montei uma gota d'água
mas tão pequeno era então
que me escorreguei na terra
e perdia a montaria
entre raízes, ferraduras
agora o homem está ocupado
e não mira o bosque profundo
já não investiga a folhagem
nem lhe caem do céu as folhas
está ocupado o homem agora
ocupado em cavar sua cova.

Há que ver o que é o silêncio
nos entornos de Valdivia

por eso no conocerá
la comunidad del subsuelo
la comunión de las raíces
porque estos muertos fallecidos
murieron antes de morir.

Sin embargo, según entiendo
el corazón es una hoja
el viento la hace palpitar

por isso não conhecerá
a comunidade do subsolo
a comunhão das raízes
pois estes falecidos mortos
morreram antes de morrer.

No entanto, por meu juízo
o coração é uma folha
o vento a faz palpitar

15

A LOS ANDES

Cordilleras
nevadas,
Andes
blancos,
paredes
de mi patria,
cuánto
silencio,
rodea
la voluntad, las luchas
de mi pueblo.
Arriba las montañas
plateadas,
abajo el trueno verde
del océano.
Sin embargo
este pueblo
pica las erizadas
soledades,
navega
las verticales olas

15

AOS ANDES

Cordilheiras
nevadas,
Andes
brancos,
paredes
de minha pátria,
quanto
silêncio
rodeia
a vontade, as lutas
de meu povo.
Acima as montanhas
prateadas,
embaixo o trovão verde
do oceano.
No entanto
este povo
espeta as eriçadas
solidões,
navega
as ondas verticais

y en la tarde
toma
su guitarra,
y canta caminando.
Nunca
se detuvo mi pueblo.
Yo sé de dónde viene
y dónde
llegará alguna vez con su guitarra.
Por eso
no me asusta
el sol sangriento sobre
la blancura,
la espectral cordillera
cerrando
los caminos.
Mi pueblo
se endureció las manos
excavando
ásperos minerales,
conoce
la dureza,
y sigue andando,
andando.

e de tarde
pega
seu violão,
e canta caminhando.
Nunca
meu povo se deteve.
Eu sei de onde ele vem
e aonde
um dia chegará com seu violão.
Por isso
não me assusta
o sol sangrento sobre
a brancura,
a espectral cordilheira
fechando
os caminhos.
Meu povo
endureceu as mãos
escavando
ásperos minerais,
conhece
a dureza,
e continua andando,
andando.

Nosotros

los chilenos,

pueblo pobre,

mineros,

pescadores,

queremos

conocer lo que pasa

más allá de la nieve,

y del mar esperamos

mensajes y noticias,

nosostros

esperamos.

En el invierno

los Andes

revisten

su mantel infinito,

el Aconcagua

cristalizó las crines

de su cabeza blanca,

duermen

las grandes cordilleras,

las cumbres

bajo

la misma extensa sábana,

Nós
os chilenos,
povo pobre,
mineiros,
pescadores,
queremos
conhecer o que se passa
além da neve,
e do mar esperamos
mensagens e notícias,
nós
esperamos.
No inverno
os Andes
estendem
sua toalha infinita,
o Aconcágua
cristalizou as crinas
de sua cabeça branca,
dormem
as grandes cordilheiras,
os cumes
sob
o mesmo imenso lençol,

los ríos
se endurecen,
sobre el planeta cae
la nieve
como multiplicado escalofrío.
Pero
en la primavera
los montes de la muerte
han renacido,
el agua vuelve a ser
materia viva, canto,
y una escondida hierba
resucita,
luego
todo es aroma
de suave menta o graves
araucarias,
bajo el vuelo enlutado
de los cóndores
las garzas se despiden
del silencio.
Entonces
toda la cordillera
vuelve a ser territorio
para los chilenos,

os rios
se endurecem,
sobre o planeta cai
a neve
como multiplicado calafrio.
Porém
na primavera
as montanhas da morte
renasceram,
a água torna a ser
matéria viva, canto
e uma erva escondida
ressuscita,
logo
tudo é perfume
de menta suave ou graves
araucárias,
sob o voo enlutado
dos condores
as garças se despedem
do silêncio.
Então
toda a cordilheira
volta a ser território
para os chilenos,

y entre el mar y la altura
se multiplica el fuego.
La primavera
cruza las montañas
con su traje
de viento
las flores amarillas
llenan de oro fragante
las viejas cicatrices
de la tierra,
todo camina,
todo
vuela,
y van y vienen
las noticias del mundo,
el crecimiento
de la historia, los pasos
de los conquistadores abrumados
por el trabajo humano,
más altas
que las más altas piedras
está el hombre,
en la cima
de los Andes
el hombre,

entre o mar e a altura
se multiplica o fogo.
A primavera
cruza as montanhas
com sua roupa
de vento
as flores amarelas
enchem de ouro fragrante
as velhas cicatrizes
da terra,
tudo caminha,
tudo
voa,
e vão e vêm
as notícias do mundo,
o crescimento
da história, os passos
dos conquistadores constrangidos
pelo trabalho humano,
mais alto
que as mais altas pedras
está o homem,
no cimo
dos Andes
o homem,

*el invencible
desarrollo,
el paso de los pueblos.
Y a la altura
nevada,
levantando
la cabeza, dejando
las manos en la pala
mira el chileno,
sin miedo, sin tristeza.
La nieve, el mar, la arena,
todo será camino.
Lucharemos.*

o invencível
progresso,
o passo dos povos.
E a altura
nevada,
levantando
a cabeça, deixando
as mãos na pala
fita o chileno,
sem medo, sem tristeza.
A neve, o mar, a areia,
tudo será caminho.
Lutaremos.

16

Día de primavera,
largo día de Chile,
largo lagarto verde
recostado
en el anfiteatro de la nieve
frente al azul marino.
El sol y el agua sobre
tu piel verde,
respira en tus escudos
la tierra rediviva,
acostado
resbalas
y revives,
te mancha
el polen
rojo,
te zumban
las cigarras,
te picotea
un pájaro,

vives,

16

Dia de primavera,
largo dia do Chile,
largo lagarto verde
recostado
no anfiteatro da neve
frente ao azul marinho.
O sol e a água sobre
tua pele verde,
respira em teus escudos
a água rediviva,
deitado
resvalas
e revives,
te mancha
o pólen
vermelho,
te zumbem
as cigarras,
te bica
o pássaro,

vives,

fragante
animal verde,
cola de oro,

nutres
y te nutres,

cantas
y te cantamos,
dormido
día claro
no sabes
mientras
por tu cabeza
suben escarabajos
amarillos,
y los violines
vuelan
en tu viento,
no sabes
quién muere hoy,
no conoces
a los deudos
que siguen el cortejo
no sabes, no conoces

fragrante
animal verde,
cauda de ouro,

nutres
e te nutres,

cantas
e te cantamos,
dormido
dia claro
não sabes
enquanto
por tua cabeça
sobem escaravelhos
amarelos,
e os violinos
voam
no teu vento,
não sabes
quem morre hoje,
não conheces
os parentes
que seguem o cortejo
não sabes, não conheces

al que desalojaron de su casa
anoche, a la muchacha
que perdió su trabajo,
el anillo
que cayó de los dedos
de la madre
y sonó en el cajón del prestamista
como un grillo perdido que agoniza,
recostado
entre tantos
nacimientos,
nave
de las germinaciones
detenida
en la delgada
primavera de Chile,
reposas,
deslumbrante,
la espuma
como un manto sagrado
se acerca y se desprende
de tu cuerpo,
y
el cielo te corona,
el coro del océano

aquele que despejaram de sua casa
à noite, a moça
que perdeu seu trabalho,
o anel
que caiu dos dedos
da mãe
e soou na gaveta do agiota
como um grilo perdido que agoniza,
recostado
entre tantos
nascimentos,
nave
das germinações
detida
na delgada
primavera do Chile,
repousas,
deslumbrante,
a espuma
como um manto sagrado
se aproxima e se desprende
de teu corpo
e
o céu te coroa,
o coro do oceano

labra en la piedra el canto
en tu alabanza,
arde entre las espadas espinosas
la corola del cactus,
nace otra vez el mundo.

En la tierra de Chile
en Primavera
la voz,
la irregular teogonía,
el claro crecimiento,
yo recojo
un día,
de un día verde recostado en nieve,
frente a la sal marina.

lavra na pedra o canto
em teu louvor,
arde entre as espadas espinhentas
a corola do cacto,
nasce outra vez o mundo.

Na terra do Chile
na Primavera
a voz,
a irregular teogonia,
o claro crescimento,
eu recolho
um dia,
de um dia verde recostado na neve,
frente ao sal marinho.

17

Digo buenos días al cielo.
No hay tierra. Se desprendió
ayer y anoche del navío.
Se quedó atrás Chile, solo
unas cuantas aves salvajes
siguen volando y levantando
el nombre oscuro frío de mi patria.
Acostumbrado a los adioses
no gasté los ojos: en dónde
están encerradas las lágrimas?
La sangre sube de los pies
y recorre las galerías
del cuerpo pintando su fuego.
Pero dónde se esconde el llanto?
Cuando llega el dolor acude.
Pero yo hablaba de otra cosa.
Me levanté y sobre el navío
no había más que cielo y cielo,
azul interrumpido por
una red de nubes tranquilas
inocentes como el olvido.
La nave es la nube del mar
y olvidé cuál es mi destino,

17

Digo bom-dia ao céu.
Não há terra. Desprendeu-se
ontem à noite do navio.
Chile ficou para trás, só
umas tantas aves selvagens
seguem voando e levantando
o nome escuro frio de minha pátria.
Acostumado aos adeuses
não gastei os olhos: onde
estão encerradas as lágrimas?
O sangue sobe dos pés
e percorre as galerias
do corpo pintando seu fogo.
Mas onde se esconde o pranto?
Quando chega a dor comparece.
Mas eu falava de outra coisa.
Me levantei e sobre o navio
não havia mais que céu e céu,
azul interrompido por
uma rede de nuvens tranquilas
inocentes como o esquecimento.
A nave é a nuvem do mar
e esqueci qual é meu destino,

olvidé la proa y la luna,
no sé hacia dónde van las olas,
ni dónde me lleva la nave.
No tiene mar ni tierra el día.

esqueci a proa e a lua,
não sei para onde vão as ondas,
nem aonde me leva a nave.
Não tem terra nem mar o dia.

18

Regresa de su fuego el fogonero,
de su estrella el astrónomo,
de su pasión funesta el hechizado,
del número millón el ambicioso,
de la noche naval el marinero,
el poeta regresa de la espuma,
el soldado del miedo,
el pescador del corazón mojado,
la madre de la fiebre de Juanito,
el ladrón de su vértice nocturno,
el ingeniero de su rosa fría,
el indio de sus hambres,
el juez de estar cansado y no saber,
el envidioso de sus sufrimientos,
la bailarina de sus pies cansados,
el arquitecto del piso tres mil,
el faraón de su décima vida,
la prostituta de su traje falso,
el héroe regresa del olvido,
el pobre de un solo día menos,
el cirujano de mirar la muerte,
el boxeador de su triste contrato,
alguien regresa de la geometría,

18

Regressa de seu fogo o foguista,
de sua estrela o astrônomo,
de sua funesta paixão o enfeitiçado,
do número milhão o ambicioso,
da noite naval o marinheiro,
o poeta regressa da espuma,
o soldado do medo,
o pescador do coração molhado,
a mãe da febre de Joãozinho,
o ladrão de seu vértice noturno,
o engenheiro de sua rosa fria,
o índio de suas fomes,
o juiz de estar cansado e não saber,
o invejoso de seus sofrimentos,
a bailarina de seus pés cansados,
o arquiteto do piso três mil,
o faraó de sua décima vida,
a prostituta de seu traje falso,
o herói regressa do olvido,
o pobre de um só dia a menos,
o cirurgião de mirar a morte,
o boxeador de seu triste contrário,
alguém regressa da geometria,

vuelve el explorador de su infinito,
la cocinera de los platos sucios,
el novelista de una red amarga,
el cazador apaga el fuego y vuelve,
la adúltera del cielo y la zozobra,
el profesor de una copa de vino,
el intrigante de su puñalada,
el jardinero ha cerrado su rosa,
el tabernero apaga sus licores,
el presidiario anuda su alegato,
el carnicero se lavó las manos,
la monja canceló sus oraciones,
el minero su túnel resbaloso,
y como todos ellos me desnudo,
hago en la noche de todos los hombres
una pequeña noche para mí,
se acerca mi mujer, se hace el silencio
y el sueño vuelve a dar la vuelta al mundo.

volta o explorador de seu infinito,
a cozinheira de seus pratos sujos,
o romancista de uma rede amarga,
o caçador apaga o fogo e volta,
a adúltera do céu e naufraga,
o professor de uma taça de vinho,
o intrigante de sua punhalada,
o jardineiro fechou sua rosa,
o taberneiro apaga suas bebidas,
o presidiário junta a sua defesa,
o açougueiro lavou suas mãos,
a monja cancelou suas orações,
o mineiro seu túnel escorregadio,
e como todos eles me dispo,
faço na noite de todos os homens
uma pequena noite para mim,
aproxima-se minha mulher, faz-se o silêncio
e o sono volta a dar a volta ao mundo.

19

Del incomunicado,
del ignorante hostil que yo fui siempre
desde antes de nacer, entre el orgullo
y el terror de vivir sin ser amado,
pasé a darle la mano a todo el mundo
y me dejé telefonear sin ganas
al principio, aceptando
una voz, un alámbrico consejo,
una metálica comunicación
hasta que ya me fui de mí yo mismo
y levantando como ante un revólver
los brazos, me entregué
a las degradaciones del teléfono.
Yo que me fui con tacto singular
alejando de claras oficinas,
de ofensivos palacios industriales
solo de ver un aparato negro
que aun silencioso me insultaba,
yo, poeta torpe como pato en tierra,
fui corrompiéndome hasta conceder
mi oreja superior (que consagré
con inocencia a pájaros y música)
a una prostitución de cada día,

19

Do incomunicado,
do ignorante hostil que eu sempre fui
desde antes de nascer, entre o orgulho
e o terror de viver sem ser amado,
passei a dar a mão a todo mundo
e me deixei telefonar sem frêmitos
a princípio, aceitando,
uma voz, um conselho pelo fio,
uma metálica comunicação
até que me afastei de mim eu mesmo
e levantando como diante de um revólver
os braços, me entreguei
às degradações do telefone.
Eu que fui com tato singular
me afastando de claros escritórios,
de ofensivos palácios industriais
só de fitar um aparelho negro
que mesmo silencioso me insultava,
eu, poeta torpe como um pato na terra,
fui me corrompendo até conceder
minha orelha superior (que consagrei
com inocência a pássaros e música)
a uma prostituição de cada dia,

enchufando al oído el enemigo
que se fue apoderando de mi ser.
Pasé a ser telefín, telefonino,
telefante sagrado,
me prosternaba cuando la espantosa
campanilla del déspota pedía
mi atención, mis orejas y mi sangre,
cuando una voz equivocadamente
preguntaba por técnicos o putas,
o era un pariente que yo detestaba
una tía olvidada, inaceptable,
un Premio Nacional alcoholista
que a toda cosa quería pegarme
o una actriz tan azul y almibarada
que quería violarme, seducirme
empleando un teléfono rosado.
He cambiado de ropa, de costumbres,
soy solamente orejas,
vivo temblando de que no me llamen
o de que me llamen los idiotas,
mi ansiedad resistió medicamentos,
doctores, sacerdotes, estadistas,
talvez voy convirtiéndome en teléfono,
en instrumento abominable y negro
por donde comuniquen los demás

conectando ao ouvido o inimigo
que foi se apoderando do meu ser.
Passei a ser telefinho, telefonino,
telefante sagrado,
me prosternava quando a espantosa
campainha do déspota pedia
minha atenção, minha orelhas e meu sangue,
quando uma voz equivocadamente
perguntava por técnico ou putas,
ou era um parente que eu detestava
uma tia esquecida, inaceitável,
um Prêmio Nacional alcoólatra
que a todo custo queria pegar-me
ou uma atriz tão azul e açucarada
que queria violar-me, seduzir-me
usando um telefone cor-de-rosa.
Mudei de roupa, de costumes,
sou só orelhas,
vivo tremendo de que não me chamem
ou de que me chamem os idiotas,
minha ansiedade resistiu a remédios,
doutores, sacerdotes, estadistas,
vou talvez me transformando em telefone,
em instrumento negro e abominável
pelo qual comuniquem os outros

el desprecio que me consagrarán
cuando yo ya no sirva para nada
es decir para que hablen
a través de mi cuerpo las avispas.

o desprezo que me consagrarão
quando eu já não sirva para nada
ou seja, para que falem
as vespas por intermédio do meu corpo.

20

Estos dos hombres solos,
estos primeros hombres
allá arriba
qué llevaron consigo
de nosotros?
De nosotros los hombres,
de la Tierra?

Se me ocurre
que aquella luz fue nueva,
aquella estrella aguda
que viajaba,
que tocaba y cortaba
las distancias,
aquellos rostros nuevos
en la gran soledad,
en el espacio puro
entre los astros finos y mojados
como la hierba en el amanecer,
algo nuevo venía de la tierra,
alas o escalofrío,
grandes gotas de agua
o pensamiento
imprevisto, ave extraña

20

Esses dois homens sós,
esses primeiros homens
lá em cima
o que levaram de nós
consigo?
De nós os homens,
da Terra?

Passa-me pela mente
que aquela luz foi nova,
aquela estrela aguda
que viajava,
que tocava e cortava
as distâncias,
aqueles rostos novos
na grande solidão,
no espaço puro
entre os astros finos e molhados
como a erva no amanhecer,
algo novo vinha da terra,
asas ou calafrio,
grandes gotas de água
ou pensamento
imprevisto, ave estranha

que latía
con el distante corazón humano.

Pero no sólo aquello,
sino ciudades, humo,
ruido de multitudes,
campanas y violines,
pies de niños saliendo de la escuela,
todo eso en el espacio
vive ahora,
desde ahora,
porque los astronautas
no iban solos,
llevaban nuestra tierra,
olor de musgo y bosque,
amor, enlace de hombres y mujeres,
lluvia terrestre sobre la pradera,
algo flotaba como
un vestido de novia
detrás de las dos naves del espacio:
era la primavera de la tierra
que florecía por primera vez,
que conquistaba el cielo inanimado
dejando en las alturas
la semilla
del hombre.

que pulsava
com o distante coração humano.

Mas não só aquilo,
antes cidades, fumaça,
ruído de multidões,
sinos e violinos,
pés de meninos saindo da escola,
tudo isso no espaço
vive agora,
desde agora,
porque os astronautas
não iam sós,
levavam nossa terra,
cheiro de musgo e bosque,
amor, enlace de homens e mulheres,
chuva terrestre sobre a campina,
algo flutuava como
um vestido de noiva
por trás das duas naves do espaço:
era a primavera da terra
que florescia pela primeira vez,
que conquistava o céu inanimado
deixado nas alturas
a semente
do homem.

21

Roa Lynn y Patrick Morgan
en estas aguas amarrados,
en este río confundidos,
hostiles, floridos, amargos,
van hacia el mar o hacia el infierno,
con un amor acelerado
que los precipita en la luz
o los recoge del sargazo:
pero continúan las aguas
en la oscuridad, conversando,
contando besos y cenizas,
calles sangrientas de soldados,
inaceptables reuniones
de la miseria con el llanto:
cuanto pasa por estas aguas!:
la velocidad y el espacio,
los fermentos de las fabelas
y las máscaras del espanto.

Hay que ver lo que trae el agua
por el río de cuatro brazos!

21

Roa Lyn e Patrick Morgan
nestas águas amarrados,
neste rio confundidos,
hostis, floridos, amargos,
vão até o mar e o inferno
com um amor acelerado
que os precipita na luz
ou os recolhe do sargaço:
mas continuam as águas
na escuridão, conversando,
contando beijos e cinzas,
ruas sangrentas de soldados,
inaceitáveis reuniões
da miséria com o pranto:
quanto passa por estas águas!:
a velocidade e o espaço,
os fermentos das favelas
e as máscaras do espanto.

Há que ver o que traz a água
pelo rio de quatro braços!

NOTAS

Poema 1

Este poema, como muitos outros de Neruda, está dedicado a Matilde Urrutia, sua terceira esposa e musa principal. Está manuscrito numa página com muitas correções. Foi encontrado num caderno, na maior parte do qual há originais manuscritos do *Memorial de Isla Negra*, e dois poemas de *Plenos poderes*: "Oda a Acario Cotapos" e "A don Asterio Alarcón, cronometrista de Valparaíso", além de um texto em prosa sobre a Venezuela, datado de 23 de janeiro de 1959. O poema que comentamos foi achado na continuação desse texto, e por sua localização poderia ser datado entre 1959 e 1960.

Poema 2

Este poema foi encontrado num caderno que em sua capa tem escrito *Odas*, e na primeira página, "1956". Está na continuação do manuscrito da ode que leva o título primitivo de "Naufragio de navío enlutado", publicado como "Oda al barco pesquero", no *Tercer libro de las odas*. Em seguida vem o início do rascunho dedicado, muito provavelmente, a Matilde: "*No estás hecha de sueño, amor amado/ Eres compacta como una manzona./ Repleta eres de luz, rosa rosaria/ y al trasluz eres como uva agraria*". Estes versos estão rasurados. Na página seguinte se encontram outros versos soltos e igualmente descartados, e finalmente o manuscrito de "Oda al viejo poeta", também do

[127]

Tercer libro de las odas. O mais provável, portanto, é que "Nunca solo, contigo" tenha sido escrito em 1956, como parte daquele livro, no qual finalmente não foi incluído.

Poema 3

Este é o primeiro dos poemas escrito num caderno no qual em seguida estão os manuscritos dos poemas: "Al tiempo que me llama", publicado como "Oda al tempo venidero", datado de 22 de setembro de 1956; "Oda a unas flores amarillas", datado do mesmo dia, e "Odas de todo el mundo", as três do *Tercer libro de las odas*, além de "Oda al plato", de *Navegaciones y regresos*. A data em que foi escrito este poema, portanto, deveria ser por volta de setembro de 1956. Na primeira folha do caderno há algumas anotações soltas de Neruda que dizem: "*Temas – Ausencia – Loca mía*". Na outra coluna: "*anillo – colar – aguja*". Em outra: "*odas: perro – caballo puma – canario – gato*". Finalmente: "*ojo! – corregir – verso en – al tiempo – que canta*". Estas anotações fazem referência, em parte, a possíveis temas para odes. De fato, em *Navegaciones y regresos* o poeta incluiu odes ao cachorro, ao cavalo e ao gato. O tema da ausência poderia corresponder a este mesmo poema "Donde fuiste Qué has hecho".

Poema 4

A julgar pelos versos "*Sesenta y cuatro años arrastra este siglo y sesenta/ en este año llevaban los míos, ahora*", este poema foi escrito por Neruda em 1964. É o ano em que aparece o *Memorial de Isla Negra*, a grande recapitulação poética autobiográfica de Neruda ao cumprir sessenta anos, na qual o poeta escreve a parte inicial de *La barcarola*. "Qué entrega a tu mano de oro" tem a fatura dos poemas de amor deste último livro: versos longos e, entre outras coisas, a alusão à origem rural da mulher amada que encontramos, por exemplo, no poema "Tú entre los que parecían extraños": "*allí en los caminos abiertos por reinos después devorados,/ hacías cantar tus caderas y te parecías, antigua y terrestre/ araucana*".

Este poema também parece anunciar *Fin de mundo*, que Neruda começa a escrever em 1968. Isso se percebe em "Qué entrega a tu mano de oro" quando, por exemplo, o poeta fala de "*lo amargo y eléctrico de este tiempo impuro y radioso que tuvo/ colmillos de hiena, camisas atómicas y alas de relámpago*" e de "*las páginas de hierro y rocío de un siglo maldito y bendito*".

Deste poema existe apenas uma versão datilografada.

Poema 5

O original manuscrito deste poema se encontra numa das páginas de um *menu* impresso numa folha de papel ofício, propriedade de Jorge Selume Zaror, que gentilmente a emprestou para a execução deste livro. Traz uma anotação, aparentemente com a letra de Matilde, que diz: "*Día 29 – Diciembre 1952 – 11 de la mañana – volando a 3.500 metros – de altura entre – Recife y Río Janeiro*". É possível que Neruda o tenha escrito quando voava de regresso da Europa para reunir-se com Matilde em Atlántida, Uruguai, para passarem juntos a festa de Ano-Novo.

[129]

Poema 6

Escrito em folhas soltas, este poema foi encontrado numa caixa na qual havia outros que em sua maioria foram incluídos em dois livros de odes: *Nuevas odas elementales* e *Navegaciones y regresos*. Neste poema Neruda diz: *"tus menudos/ pies te trajeron/ bajando/ grada y grada/ hasta mi corazón"*. Encontramos esta alusão aos pés pequenos de Matilde em outros momentos de sua poesia. Assim, por exemplo, em "La pasajera de Capri", de *Las uvas y el viento*, diz: *"y estos menudos pies fueron midiendo/ las volcánicas islas de mi patria"*. Bem como no poema "El amor", de *La barcarola*, escreve: *"leí el alfabeto/ que tus pies menudos dejaban andando en la arena"*.

Poema 7

Este poema é particularmente interessante. Um poeta maduro interpela o jovem poeta que ele foi, e lhe dá alguns conselhos sobre o seu ofício. Esses conselhos a seu próprio "eu" juvenil poderiam ampliar-se aos poetas jovens. O interesse do poema, em parte, vem de sua singularidade, já que, até onde sabemos, na obra de Neruda não se encontra nada parecido ao que foram as *Cartas a um jovem poeta*, de Rainer Maria Rilke. Neruda diz ao jovem poeta que não se presuma *"de pluma,/ de argonauta,/ de cisne,/ de trapecista entre las frases altas/ y el redondo vacío"*, que suje as mãos, que trabalhe com a matéria e os elementos, com o carvão e o fogo. Neruda usa aí a imagem do poeta foguista para aludir ao trabalho do poeta, que não deve ser distinto daquele do resto dos homens, que não está marcado por um destino superior, que não é o de um "pequeno deus", como diria Huidobro. Em outros momentos de sua obra, inclusive no Discurso do Prêmio Nobel, que leu ao receber o galardão, utiliza a imagem do poeta-padeiro, que cumpre com dedicação e ternura um ofício tão humilde quanto necessário à comunidade.

Este poema foi encontrado numa caixa que contém manuscritos de poemas, principalmente de odes: à primavera, a Walt Whitman, a Louis Aragón, e que depois se incluíram em diversos livros: *Odas elementales, Nuevas odas elementales* e *Navegaciones y regresos*.

Poema 8

Este poema, escrito em folhas soltas, pertence, indubitavelmente, à época das odes, e corresponde, portanto, ao desejo de Neruda de, como disse Saúl Yurkievich, ampliar o domínio da poesia "para englobar o mundo todo, para abarcar inteiramente a extensão do real". Além disso, a poesia das odes se ocupa das coisas no momento único e irrepetível em que o poeta as surpreende, como ocorre na "Oda a una castaña en el suelo"; não é uma ode à castanha, mas a uma castanha específica que se encontra numa situação transitória e especial. O mesmo acontece com a "Oda a un ramo de violetas". A esse tipo de odes parece pertencer "Hojas", no qual o poeta percebe uma paisagem de folhas que fixa em sua poesia, antes que desapareça do mundo.

Este poema foi encontrado numa caixa que contém manuscritos de poemas, principalmente de odes: à primavera, a Walt Whitman, a Louis Aragón, e que depois se incluíram em diversos livros: *Odas elementales, Nuevas odas elementales* e *Navegaciones y regresos*.

Poema 9

Este poema, escrito em folhas soltas, foi encontrado numa caixa que contém manuscritos de poemas, principalmente de odes: à primavera, a Walt Whitman, a Louis Aragón, e que depois se incluíram em diversos livros: *Odas elementales, Nuevas odas elementales* e *Navegaciones y regresos*. Tem certa semelhança com a "Oda a la envidia", das *Odas elementales*, na qual o poeta fala de sua própria experiência com a inveja dos outros: "*Se irguieron/ amenazantes/ contra mi poesía,/ con ganchos, con cuchillos,/ con alicates negros*". Apesar disso, proclama que deve seguir cumprindo seus deveres de poeta: "*Qué puedo hacer?/ Yo creo/ que seguiré cantando/ hasta morirme*", "*escribiré no sólo/ para no morirme,/ sino para ayudar/ a que otros vivan,/ porque parece que alguien/ necesita mi canto*".

Em "No te envanezcas", Neruda fala também de inimigos invisíveis que o acusam, mas ele não pode deixar de cumprir suas obrigações de poeta e cidadão. Também reaparece aqui a ideia que Neruda desenvolve em outros textos e que recorre, em parte, a Whitman, de que o poeta deve falar com a voz dos povos ou traduzir a vida coletiva: "*Toda la vida circuló en mi cuerpo/ como una sangre propia/ que descifro/ en el papel, a veces*".

[132]

Poema 10

Possivelmente este poema foi uma tentativa de escrever uma "Oda a la oreja", que Neruda deixou inacabada. Seu parentesco poético mais óbvio é com as odes que Neruda escreveu para algumas partes do corpo: ao crânio, ao fígado, ao olho. Este poema foi encontrado numa caixa que contém manuscritos de poemas, principalmente de odes: à primavera, a Walt Whitman, a Louis Aragón, e que depois se incluíram em diversos livros: *Odas elementales, Nuevas odas elementales* e *Navegaciones y regresos*.

Poema 11

Este poema, escrito em folhas soltas, foi encontrado numa caixa que contém manuscritos de poemas, principalmente de odes: à primavera, a Walt Whitman, a Louis Aragón, e que depois se incluíram em diversos livros: *Odas elementales, Nuevas odas elementales* e *Navegaciones y regresos*. Este poema poderia ser uma ode ao chileno viajante e combinaria bem com o último dos livros citados, se se considera que o original conclui com seis versos rasurados: "*Chileno, no te vayas,/ no te vayas, chileno./ Esta tierra/ delgada/ nos tocó en la baraja turbulenta/ del siglo XV y de la geografía*".

É interessante que após constatar essa condição viajante do chileno, à qual no país se alude com a expressão popular de "pata de cachorro", Neruda tenha escrito aquela chamada ao chileno transumante para que não abandone sua terra, e que finalmente descartou. No entanto, tal interpretação é coerente com o que disse o poeta no discurso de doação de sua coleção de livros e conchas à Universidade do Chile, em 20 de junho de 1954: "O poeta não é uma pedra perdida. Tem duas obrigações sagradas: partir e regressar [...]. Sobretudo nessas pátrias solitárias, isoladas entre os acidentes do planeta, testemunhas integrais dos primeiros signos de nossos povos, todos, todos, desde os mais humildes até os mais orgulhosos, temos a fortuna de ir criando nossa pátria, de sermos todos um pouco seus pais". Neste poema aparecem desde os viajantes mais abastados até os mais humildes, e se se consideram os versos eliminados, todos eram igualmente instados às navegações e regressos.

Poema 12

Este poema foi encontrado num caderno na maior parte do qual há originais manuscritos do *Memorial de Isla Negra*, e dois poemas de *Plenos poderes*: "Oda a Acario Cotapos" e "A don Asterio Alarcón, cronometrista de Valparaíso", além de um texto em prosa sobre a Venezuela, datado de 23 de janeiro de 1959. Este poema vem na continuação do poema intitulado "La poesía II", publicado no *Memorial de Isla Negra* como "Arte magnética". Este último está datado de Isla Negra, 24 de abril de 1961. O que comentamos está datado do dia seguinte, às 11 da manhã. Está claro que nele Neruda alude a Santiago que conheceu ao chegar, em 1921, aos dezessete anos, e aos transtornos políticos e sociais dos princípios dos anos 1920. Nessa época, a polícia atacava a cavalo os manifestantes. Daí os versos: *"Rodé bajo los cascos, los caballos/ pasaron sobre mí como ciclones"*.

Ao referir-se a esse anos, o poeta anota em suas memórias: "Nós, os estudantes, apoiávamos as reivindicações populares e éramos espancados pela polícia nas ruas de Santiago".

Este poema, bem como o que se segue, "Adolescencia turbia, triste y tierna", datado de 26 de abril de 1961, também em Isla Negra e encontrado no mesmo caderno, se referem claramente à juventude do poeta; devem ter sido escritos para o *Memorial de Isla Negra*, livro no qual por fim não foram incluídos.

Poema 13

Já se indicou na nota anterior o lugar no qual foi achado este poema. Só falta acrescentar que aqui aparece a declarada posição antilivresca que Neruda proclama em diversos poemas e escritos, nos quais contrapõe o literário com a vida, e que pode sintetizar-se nos versos iniciais de sua "Oda al libro (I)": *"Libro, cuando te cierro/ abro la vida"*. Em "Adolescencia turbia, triste y tierna", há referências a alguns dos autores que Neruda leu: Baudelaire, Lautréamont e Garcilaso. Há dois versos em que diz: *"amamantados en literatura/ con todas las tinieblas en la mano"*. Dessas trevas, que parecem vir do livresco, o poeta se move pouco a pouco em direção à vida, à experiência comum de todos os homens: a busca de *"el pan, la casa y la mujer"*.

Poema 14

Este poema está escrito no verso de dois programas musicais do transatlântico *Augustus*, da Italian Line, dos dias 4 e 5 de abril de 1967. Isso indica que podem ter sido escritos durante a viagem que fez com Matilde a bordo desse navio, que zarpou a 31 de março de 1967. O tema central desse poema é a morte dos outros, a morte dos que *"murieron antes de morir"*. Pela data em que provavelmente foi escrito, por seu tom obscuro e por seu tema, os parentescos poéticos de "Y los caballos dónde están?" deveriam buscar-se em *Las manos del día*.

Poema 15

Este poema está datado de Los Guindos, 26 de abril, às 12h30. O ano não está indicado, mas pode ser situado entre 1952, quando Neruda regressa ao Chile depois de seu exílio, e o último ano em que vive em Los Guindos, 1954. Em todo caso, pertence à época em que escreveu suas *odas elementales*. Não se pode deixar de relacionar este poema com a "Oda a la cordillera andina" do livro *Nuevas odas elementales*. Em ambos se encontra a descrição da paisagem da cordilheira alternando-se com a exaltação do trabalho do homem. Este tema se insinua já em "Alturas de Macchu Picchu". Por outro lado, a cordilheira e o trabalho dos minerais estão presentes em distintos momentos da obra de Neruda: "El cobre" e "La noche en Chuquicamata", no *Canto general*; "Oda al cobre", em *Odas elementales*; "La hermana cordillera", em *Memorial de Isla Negra*; vários poemas que levam o título de "Volcán", em *La espada encendida*, entre outros.

Poema 16

Datado de Los Guindos, 13 de outubro de 1954, este poema poderia intitular-se "Oda a un día de primavera"; o tema é mais delimitado que o da "Oda a la primavera", de *Odas elementales*, livro que aparece em julho de 1952. Como se vê, "Día de primavera" é posterior, e o poeta deve tê-lo escrito pensando em alguns dos seus outros livros de odes. Na obra de Neruda há outros poemas sobre esse tema, como "Oda a las alas de septiembre", de *Navegaciones y regresos*; e "Primavera en Chile", de *La barcarola*. "Día de primavera" foi achado numa caixa na qual havia majoritariamente poemas que foram incluídos em dois livros de odes: *Navegaciones y regresos* e *Nuevas odas elementales*.

Poema 17

Este poema aparece nas duas primeiras páginas do caderno que contém o manuscrito do extenso poema "La insepulta de Paita", publicado em *Cantos ceremoniales*. Apesar de poder ser lido como um poema independente, talvez "Digo Buenos días al cielo" tenha sido escrito como uma espécie de pórtico para "La insepulta de Paita", no qual o poeta fala de si mesmo e de sua situação na viagem que fazia por mar para a Venezuela, durante a qual fez escala em Paita. Por alguma razão, substituiu-o por um prólogo no qual também fala dessa navegação: "*Desde Valparaíso por el mar./ El Pacífico, duro camino de cuchillos./ Sol que fallece, cielo que navega./ Y el barco, insecto seco, sobre el agua./ Cada día es un fuego, una corona./ La noche apaga, esparce, disemina./ Oh día, oh noche,/ oh naves/ de la sombra y la luz, naves gemelas!/ Oh tiempo, estela rota del navío!/ Lento, hacia Panamá, navega el aire./ Oh mar, flor extendida del reposo!/ No vamos ni volvemos ni sabemos./ Con los ojos cerrados existimos*". No caderno onde se encontra o manuscrito, a primeira página diz: "A bordo do *Uso di mare* partiu a 3 de janeiro de 1959 de Valparaíso. Vamos a Venezuela. Artrite nos dois tornozelos!"

Poema 18

Este poema está datado de 17 de outubro de 1958. Encontra-se num caderno em cuja capa se lê "Odas elementales", e na primeira página "Al rey de bastos". Todos os outros poemas manuscritos que estão nesse caderno são do livro *Navegaciones y regresos* e são odes: à melancia, ao elefante, à cama, à âncora, à cadeira e ao violão. Ainda que *Navegaciones y regresos* seja o quarto livro de *odas elementales* de Neruda, traz alguns poemas que não são odes e que parecem ser de um desses livros nos quais o poeta reunia materiais diversos. "Regresa de su fuego el fogonero" pode ser um desses poemas , mas por fim não foi incluído nesse livro. Como se percebe, está construído sobre uma vasta enumeração de profissões e ofícios, cada um deles relacionado com sua própria matéria. Em *Las manos del día*, escrito dez anos depois, há um poema, "El llanto", construído de forma semelhante: *"Dice además el hombre/ que odia su cada día de trabajo,/ su ganarás el pan, su triste guerra,/ su ropa de oro, el rico, el coronel su espada,/ su pie cansado el pobre, su maleta el viajante,/ su impecable corbata el camarero,/ el banquero su jaula, su uniforme el gendarme,/ su convento la monja, su naranja el frutero,/ su carne el carnicero, el olor de farmacia/ el farmacéutico, su oficio la ramera"*.

Poema 19

Este poema está datado da Isla Negra, quarta-feira, 10 de janeiro de 1973. Encontra-se num caderno, na primeira página do qual o poeta escreveu: "Comecei – nos primeiros dias – de janeiro – 1973 (enfermo na cama, de uma cadeira) – Livro intitulado – *Defeitos escolhidos e outros – poemas confidenciais*". Este poema é o primeiro que aparece no caderno. No ângulo superior esquerdo se observa uma anotação manuscrita, ao que perece com letra de Matilde, que diz: "Defeitos escolhidos – Revisto". Por isso é estranho que não tenha sido incluído nesse livro, ao qual parece clara e explicitamente destinado, nem tampouco em nenhum dos outros livros de poesia que Neruda estava escrevendo nesse momento, e que foram publicados postumamente. Nesse há também poemas de alguns destes livros: *Jardín de invierno, 2000* e *El corazón amarillo*. O professor Hernán Loyola fez notar as afinidades de motivos e semelhanças de *El corazón amarillo*

[139]

e *Defectos escogidos* com *Estravagario*, entre outras coisas, por "certo sobretom sarcástico".

"Del incomunicado" é o único poema de Neruda no qual o telefone é o tema central; não existe, por exemplo, uma "Oda al teléfono". Como se pode perceber, trata-se de um poema sobre a relação pessoal do falante com esse artefato, que vai invadindo e desregrando sua vida: *"fui corrompiéndome hasta conceder/ mi oreja superior (que consagré/ con inocencia a pájaros y música)/ a una prostituición de cada día,/ enchufando al oído el enemigo/ que se fue apoderando de mi ser"*.

Poema 20

Deste poema não se tem uma versão manuscrita, apenas uma datilografada, encontrada numa pasta onde também existiam cópias da "Oda al caldillo de congrio", "Oda a la cuchara", "A Chile de regreso", e "Antistofra".

"Esos dos hombres solos" celebra aquilo que o próprio poeta chama a conquista do *"cielo inanimado"*. Em outros poemas, como "El perezoso", de *Estravagario*, Neruda mostra uma visão mais reticente em relação às viagens espaciais: *"Continuarán viajando cosas/ de metal entre las estrellas,/ subirán hombres extenuados,/ violentarán la suave luna/ y allí fundarán sus farmacias"*.

Mesmo quando o poeta proclamou que não lhe interessava trocar de planeta, porque amava a Terra, os êxitos iniciais da União Soviética, na chamada "corrida espacial", o levaram a interessar-se pelo espaço exterior, que se abriu como um novo cenário na sua poesia.

Em agosto de 1962, quando voava em avião entre Sóchi e Moscou, Neruda escreveu um entusiasmado artigo, tendo por origem a missão das naves *Vostok III* e *Vostok IV*, que orbitavam na Terra pilotadas por Adrian Nikolaiev e Pavel Popovich. Nesse texto, Neruda anota: "a poesia tem que buscar novas palavras para falar dessas coisas". Mais adiante conta que fazia pouco havia visto pela primeira vez, em Moscou, um dicionário de termos físico-nucleares. "Fiquei assombrado – escreve o poeta – porque, fora as palavras átomo, reator, e outras poucas, não conhecia nenhuma das muitas que enchem como colunas cerradas esse livro singular. As que li e que não compreendi me pareceram palavras claramente poéticas, absolutamente necessárias às novas odes, aos futuros cantos, à poesia que juntará de modo mais estreito o homem de hoje com o espaço desconhecido [...]. Esses dois cosmonautas que se comunicam entre si, que são examinados e dirigidos de nosso planeta distante, que dormem e comem no cosmos desconhecido são os poetas descobridores do mundo."

Neruda imaginou seu próprio mundo visto desde a altura. Em certa ocasião perguntou a Germán Titov se conseguia ver o Chile do alto. Titov recordava de umas cordilheiras amarelas, muito altas, e conjecturou que talvez ali estivesse o Chile.

Num dos seus textos em prosa, "Escarabagia dispersa", de abril de 1968, anota: "E ainda que Leonov não me tenha dito, quando passou por minha casa na Isla Negra, estou certo de que viu a Terra de longe, como se fosse um grande coleóptero, azulado e voador". O cosmonauta russo Alexei Leonov, que em 1965 realizou a primeira viagem espacial, foi outro dos guias que conduziu Neruda até os céus. Ao poeta impressionou que Leonov também fosse pintor. Num discurso recordou que o cosmonauta lhe havia contado que "as cores do Cosmos são resplandecentes" e que não existia pintura para trazer a este mundo estas cores. Em "El astronauta", Neruda relatou uma imaginária viagem poética espacial: *"Llegué porque me invitaron a una estrella recién abierta:/ ya Leonov me había dicho que cruzaríamos colores/ de azufre inmenso y amaranto, fuego furioso de turquesa,/ zonas insólitas de plata como espejos efervescentes"*.

O poeta também se impressionou com Valentina Tereshkova. Num discurso que já citamos, disse que as viagens ao espaço cósmico não estavam completas "sem que uma mulher fosse e voltasse de lá de cima. E essa foi a bela cosmonauta Valentina". Em *Comiendo en Hungría* comenta que uns croquetes que lhe serviram no restaurante O Cervo de Ouro poderiam ser levados a Marte pela astronauta, e completa: "Entre croquetes e Valentinas enganaríamos os habitantes galáxicos e de repente, num domingo qualquer, veríamos assaltado o Cervo de Ouro por gulosos alienígenas".

Poema 21
Deste poema, datado de junho de 1968 na Isla Negra, há uma versão datilografada encontrada num arquivo junto de textos de conferências, prólogos e outros escritos dis-

persos de Neruda, e uma versão manuscrita adquirida de um particular. Supomos que, neste poema, Neruda se refere às figuras de proa *Jenny Lind* e *Henry Morgan*, das que fala num texto que escreveu em 1970 para a série de televisão "Historia y geografía de Pablo Neruda". Se isso é verdade, parece estanho que alterem os nomes, ainda que este poema, no geral, seja bastante crítico, especialmente nos dois versos finais: *"Hay que ver lo que trae el agua/ por el río de cuatro brazos!"*

Em 1968 Neruda escreveu seu *Fin de mundo* e a paisagem deste poema: um rio recolhe *"los fermentos de las fabelas/ y las máscaras del espanto"* e que pode levar *"hacía el mar o hacia el infierno"* tem algo de apocalíptico.

Edição Fac-similar

POEMA 2

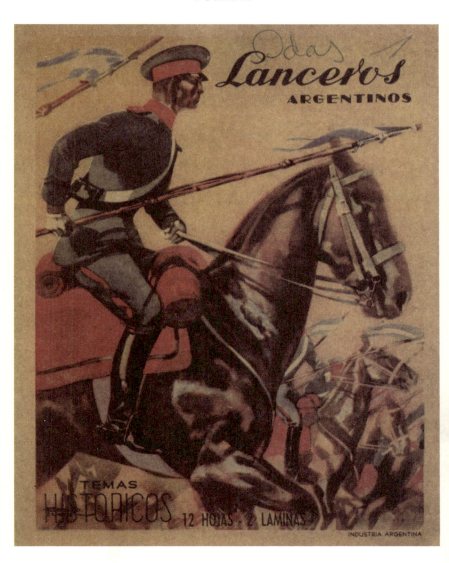

Nunca solo, contigo
por la tierra,
atravesando el fuego.
Nunca solo.
Contigo por los bosques
recogiendo
la flecha
entumecida
de la aurora,
el terrón mies go
de la primavera.
Contigo
en mi batalla,
no la que yo escogí
sino
la única,
la común participación
en

contigo por las calles
y la arena, contigo
el amor, el cansancio,
el pan, el vino,
la pobreza y el sol de una moneda,
la pena y las heridas,
la alegría.

Toda la luz, la sombra,
las estrellas,
todo el trigo cortado,
las corolas
del girasol gigante, doblegadas
por su propio caudal, el mel
del cormorán, clavado
al cielo
como cruz marina,
todo
el espacio, el otoño, los claveles,
nunca solo, contigo.

Nunca solo, contigo. tierra
Contigo el mar, la vida,
cuanto doy, cuanto doy,   y cuanto
cuanto respiro,   canto.
cuanto sustento   ,
y lo que
esta materia
de mi amor.
~~tierra y luna y canto~~

                    amor, la tierra,

el mar,
el pan, la vida,

POEMA 5

Día 29 - Diciembre 1952
11 de la mañana
volando a 3.500 mts
de altura entre
Recife y Río Janeiro

MENU

Por el cielo me acerco
al rojo rojo de tu cabellera.
De tierra y trigo soy y al acercarme
tu fuego se prepara
dentro de mí y enciende
las piedras y la harina.
Por eso crece y sube
mi corazón haciéndose
pan para que tu boca lo devore.
Y mi sangre es el vino que te
                        aguarda.
Tú y yo somos la tierra con
                        sus frutos.
Pan, fuego, sangre y vino
es el terrestre amor que nos
                        abrasa.

Pablo
Neruda

POEMA 6

Corazón mío, sal
de mi pobreza,
este día, ¿
sabes?
este día,
casi pasó olvidado
entre una noche
y otra,
entre
~~un trabajo~~

y un
el sol y la luna,
~~el deber~~
los alegres deberes
y el trabajo.
casi pasó
corriendo
en la corriente

Casi cruzó
las aguas
transparente
~~como un~~
y entonces
tú en tu mano

lo levantaste
fresco
pez
del cielo,
chorreando
goteando de frescura,

lleno
de viviente fragancia
humedecido

por aquella
campana matutina
como el trébol tiembla
del trébol
en el alba,
así
pasó a mis manos
y se hizo
bandera
tuya
y mía,
recuerdo,
y recorrimos
otras calles

buscando
paz,
botellas
deslumbrantes,
un fragmento
de pavo,
unos limones,
anagramas
en flor
florida
como
aquel
día
florido
cuando

del barco,
rodeado
por el oscuro
azul del mar sagrado
tus menudos
pies te trajeron
bajando
grada y grada
hasta mi corazón,
y el pan, las flores
el coro
vertical

del d mediodía,
una abeja marina
entre
sale los azahares,
todo aquello,
la nueva luz
luz que ninguna
tempestad
apagó en nuestra morada
llegó de nuevo,
surgió y vivió de nuevo,
consumió
de frescura el almanaque.

Loado sea el día
y aquel día.

Loado sea
este
y todo día.
Me regalaste
~~Sube pronto~~
El mar
sacudirá su campanario.
El sol es un pan de oro.
La tierra a nuestros ~~~~
y en la mesa luz
Y aquel ~~día~~ corriendo riñendo
~~y entre nosotros~~ fuego
Y el mismo ardor vivid
viviendo con nosotros
Y esta de fiesta del mundo.
Amor, inagotable amor es nuestra vida.

POEMA 15. A LOS ANDES

A los Andes

Abril 26
Los Guindos
12½ P.M.

Cordilleras
nevadas,
Andes
blancos,
paredes
de mi patria,
cuánto
silencio,
rodea~~~~
a ~~unos cuantos~~
la voluntad, las luchas
de mi pueblo.
Arriba las montañas
plateadas,
abajo el trueno verde
del océano.

Sin embargo
este pueblo
                erizado
pica las vertículas saludadoras
soledades,
navega
            verticales
las ~~erizadas~~ olas,

y en la tarde

~~toma~~
toma
su guitarra,
y canta caminando.

Nunca
se de taro mi pueblo.
Yo se de donde viene
y donde alguna vez
llegará con su guitarra.

Por eso
no me asusta
el sol sangriento sobre

la blancura,
la espectral cordillera
cerrando
los caminos
Mi pueblo
se endureció las manos
excavando
áspeross
~~los duros~~ minerales,

conoce
la dureza,
y sigue andando,
andando.
Nosotros
los chilenos,
pueblo pobre,
mineros,
pescadores.

queremos
conocer lo que pasa
mas allá de la sierra,
aguas lejos
y del mar esperamos
mensajes y noticias,
nosotros
esperamos.

A todos
los pueblos
de la tierra,
con el viento
y las alas,
saludamos
guiñándoles
un ojo,
un ojo
parecido a una estrella,

en el invierno
los Andes
revisten
su ~~un~~ mantel ilimito,
el Aconcagua
cristalizó ~~las~~ crines
de su cabeza blanca,
duermen
las grandes cordilleras,
las cumbres
bajo
la misma extensa sábana,
los ríos
se endurecen,
sobre el planeta cae
la nieve
como multiplicado escalofrío.
Pero
en la primavera

las ~~montañas~~ montes de la muerte
muestran
han renacido.

el agua vuelve a ser
lagunas
Cuando materia viva, canto,
                escondida
y una corriente
tímida
resucita y
luego
todo es aroma
de araucarias
                                          grupos
de cuenta nave viento o sones
araucarias,
bajo el cielo enlutado
de los cóndores
las garzas se despiden
del silencio.
Entonces sobre el mar
todo vuelve la cordillera
vuelve a ser territorio
para los chilenos,

y entre el arenoso altura
se multiplica el fuego, el fuego.

el fuego y la esperanza

para la primavera
para cruzar las montañas
con su traje

de viento

las montañas,

las flores amarillas

llenan de oro fragante

las viejas cicatrices

de la tierra,

todo camina,

todo

vuela,

y van y vienen

las noticias del mundo,

el crecimiento

de la historia, los pasos
de los conquistadores alumbrados
por el relâmpago humano,
mas altas
que las *mas altas* piedras
está el hombre,
en la cima
de los Andes
el hombre,
el invencible
desarrollo,
~~las victorias~~
el paso de los pueblos.
Y a la altura
nevada,
levantando
la cabeza, dejando
las manos en la pala

mira el chileno,
sin miedo, sin sorpresa,
                    tristeza.
Todo será camino
la nieve, el mar, la arena,
todo será camino.
lucharemos.

POEMA 16

Día de primavera,
largo día de Chile,
largo lagarto verde
tendido
recostado
en tres piedras el anfiteatro de
la nieve
frente al azul marino.
El sol y el agua sobre
tu piel verde,
respira en tus escamas
la tierra rediviva,
acostada
resbalas
y revives,
te mancha
el polen

rojo,
+ zumban
las cigarras,
te picotea
un pájaro,

Frías,

fragante
animal verde,
cola de oro,
nutres
y te nutres,
cantas
y te cantamos,
dormida
día claro
no sabes

mientras
por tu cabeza
suben escarabajos
amarillos,
y los violines
ruedan
en tu vientre,
no sabes
quién muere hoy,
no conoces
a los padres deudos parientes
que siguen el cortejo
no sabes, ni conoces
al que desalojaron de su casa

anoche, a la muchacha
que perdió su trabajo,
al anillo sin
que cayó de los dedos
de la madre
y sonó en el cajón del prestamista
con un último
como un grillo perdido que agoniza,
recostado
entre tantos
germinaciones
nacimientos,
nave
de las germinaciones
detenida

en la delgada
luz
primavera de Chile,

reposas,

deslumbrante,

la espuma
como un manto sagrado
se acerca y se desprende
de tu cuerpo,

y
el cielo te corona,
el océano coro del océano
canta con palabras ~~sus palabras ~~numerosas
~~su triángulo~~
labra en la piedra el canto
en tu alabanza
~~para se ~~

arde la flor entre las espa
                    espadas espinosas
    happen
la flor del cactus,
    corola

nace otra vez el mundo,
En la tierra escribe su teogonía.
            de Chile
    en Primavera
    la voz
santa paz,
    la
de su singular teogonía,
    el
su claro crecimiento,

yo recojí

de un día,

de un día verde recostado en piedra,   nieve
                        sal
frente a la base marina.
            Los Guindos 13 de octubre 54
            12 m.

Neruda

Este livro foi composto na tipologia Electra,
em corpo 12/18, e impresso em papel
off-white no Sistema Cameron da
Divisão Gráfica da Distribuidora Record